펭귄아저씨 빌리 푸흐너의

자연의 일기

심지북

〈오스트리아 청소년 도서상〉(2002년 비소설) 수상

〈오스트리아 빈 청소년 도서상〉(2001년)

독일 시사주간지 〈포쿠스〉의 청소년 최우수 도서, 베스트 7 (2002년2월)

독일 시사주간지 〈차이트〉의 청소년 문학상 룩스의 추천도서

Copyright ⓒ 2003 by Willy Puchner
All rights reserved.
ⓒ Niederoesterreichisehes Pressehaus Druck-und
VerlagsgesmbH ., NP Buchverlag
St. Poelten - Wien - Lintz
Korean Translation copyright ⓒ 2003
by Niderroesterreichisehes Pressehaus Druck-und
Verlagsgesellschaft mbH
All rights reserved.

This Korean edition is published by arrangement with
Niederoesterreichisehes Pressehaus Druck-und
Verlagsgesellschaft mbH through Bookmesse Agency.

이 책의 한국어 판권은 북메세 에이전시를 통하여 Niederoesterreichisehes
Pressehaus Druck-und Verlagsgesellschaft mbH와 독점 계약한 도서출판 심지북에 있습니다.
저작권법에 의해 한국내에서 독점적인 권리를 갖는 저작물이므로 무단전재와 무단복제를 금합니다.

• 작 가 의 말 •

나는 일기를 통해 다양한 방법으로 자연에 접근하려고 한다. 이것은 접근일 뿐만 아니라, 내가 보고 깨달은 것을 스케치하고 탐구한 기록이다. 도대체 자연이란 무엇일까, 라는 물음 때문에 나는 다른 세계에 다가서서 식물들과 동물들을 보고 관찰하다가, 결국에는 내 본질 자체를 들여다본다. 어느 곳에서 자연이 시작되고 어느 곳에서 자연이 끝나는지 나는 모른다. 내가 이 주제를 다루면 다룰수록 그 소재는 점점 더 다양해졌다. 손안에 쥔 얼음 조각이 녹듯이 자연이 그 언젠가 내게서 흔적도 없이 사라져버리는 게 아닌가하는 느낌 때문에 나는 이 책을 쓴다.

우리 모두에게 자연은 당연한 그 어떤 것 - 숲속의 산책, 꽃다발, 동물원 구경가기, 고양이 쓰다듬기, 바다 바라보기 - 처럼 보인다. 내 삶의 많은 것들처럼 이 작업도 강한 동경 - 인식과 고요, 조화에 대한 소망 - 에 의해 시작되었다.

우리는 행복한 순간이 많지 않다는 것을 알고 있다. 내 일기에서는 느림과 시간이 큰 역할을 하고 있다. 천천히 조금씩 나는 내 그림 속으로 사라졌다. 그림에 몰두하는 것이 때때로 나를 약간 슬프게 만들었다. 하지만 나는 내 작업이 일종의 주의 깊은 소일거리, 자연과 문학에서 흔적 찾기, 엄밀히 말하면 우연과 채워지지 않는 호기심의 필연적인 유희라는 것을 안다. 아마도 누군가는 이 책에서 자신을 위한 무엇인가를 발견할 수 있을 것이다. 그렇다면 나는 더없이 기쁠 것이다. 한 가지 사실은 분명하기 때문이다. 즉, 자연의 일기는 이 세계의 다양성 가운데 극히 일부를 기록하려는 내 시도이다.

빌리 푹흐너

• 추 천 의 글 •

'자연의 일기'에 대한 서평

이 자료집에는 아주 세밀하게 그려진 그림들 외에도 가는 펜으로 쓴 글씨, 우표, 사진 및 다양한 기록이 들어있다. 푸흐너는 용의주도하게 세상을 모은다. 그리고 그 조각들을 조심스럽게 서로 맞추어, 자신을 둘러싸고 있는 부서지기 쉬운 세계를 파악하려고 한다. 이 책의 그림들은, 어린 시절에 꾸었던 꿈을 여전히 지키고 싶어하는 게 아닌가하는 느낌이 들게 만든다. 자연이 무엇인가하는 질문에 대한 답을 찾는 과정에서, 이 작가는 매력적인 대상들을 찾아다닌다. 그는 이 대상 주위를 아주 오랜 시간 어슬렁거린다. 그렇게 해서 통찰의 순진 무구가 드러난다. 빌리 푸흐너가 그 전모를 파악하려고 했던 자연은 많은 곳에서 발견할 수 있다.
푸흐너의 놀라운 세계는 개성적인 사유 방식과 참고 서적의 인용구를 통해 더욱 빛난다. 생각지도 못한 다양한 사물을 통해 모든 존재의 덧없음을 상기시키는 일기는 이렇게 생겨났다.
- **포쿠스** | 독일 시사주간지 -

학교 노트 한 권에 빌리 푸흐너라는 이름의 초등학생이 자연에서 관찰한 것을 기록한다. 민들레와 수영, 미나리아재비, 초롱꽃, 그리고 나비의 아름다운 색상에 관해서. 어른이 된 후에도 여전히 어린아이의 시각으로 바라보기와 자질구레한 것을 모으기를 좋아하는 푸흐너는 자신의 소중한 수집품을 조화롭게 배치하여 하나의 예술품으로 승격시킨다.
- **북오스트리아 신문** -

'한계를 극복하려는 끊임없는 시도'야말로 바로 빌리 푸흐너의 인품과 그의 놀라운 창의성, 어린아이와 같은 즉흥성, 제어하기 힘든 유희 본능을 설명해 주는 말이다. 그의 이러한 특성은 그가 엮어 가는 삶의 모토이다. - **유니버스** -

사진 작가이자 화가이며 동시에 저술가인 빌리 푸흐너의 자연 일기는 최근 몇 년 동안 나온 특별한 책들 중 하나로 꼽을 수 있다. 이 책이 주는 첫 인상은 아동 도서 같다는 것이다. 그러다가 이 책을 중간쯤 읽게되면 오스트리아 빈에 있는 자연사 박물관의 안내 책자가 아닐까하는 생각을 하게 된다. 그리고 마지막 부분에서는 공작 지침서까지 읽게 된다. 그렇게 다 읽고 난 후에는 이 책이 무엇인가 좀 특별하다는 것, 아니 그 이상의 책이라는 사실을 확인하게 된다. 그것은 이 책이 우리가 자연에서 흔히 경험할 수 있는 지극히 일상적인 대상과 사태를 다른 시각에서 재배열하여 하나의 예술적 대상으로 승화시켰다는 점이다.
- **디 프레세** -

『자연의 일기』는 섬세한 감성을 가지고 떠난 발견 여행의 기록이다. 학문적 깊이가 있는 내용과 동시에 쉽고 재미있는 책읽기를 제공하는 것이 이 책의 아름다운 점이다. 색다른 수집품, 묘미를 더해주는 인용구, 그리고 정확히 관찰

색다른 수집품, 묘미를 더해주는 *인용구*, 그리고 정확히 관찰 분석된 *세밀한 스케치*들이 애정에 담겨 조화롭게 배치되었다

분석된 세밀한 스케치들이 애정에 담겨 조화롭게 배치되었다. 이 책은 독자들로 하여금 일상적인 것에 대한 흥미를 유발시키고 그것에 대해 한 번쯤 다르게 생각을 하도록 한다. 이 책의 만족스러운 것은 바로 그 때문이다.

- 여행 매거진 -

만일 누군가 일기를 출판한다면, 그것은 개인적이면서도 비밀스러운 수집품을 공개 · 전시하는 것이다. 만일 그 주인공이 자신이 인식한 대상을 그림이나 시로 표현하는 사진 작가나 예술가라면 이것은 더욱 자명한 사실이다. 빌리 푸흐너는 직접 그린 그림, 숙고해 볼 여지가 있는 중요한 생각에서부터 어떻게 보면 우스꽝스럽게 여겨질 생각, 그리고 인용구와 수집품으로 가득한 한 책, 바로 자기 자신을 탐구한 책을 출판했다.『자연의 일기』가 바로 그것이다.

- 모르건 -

오스트리아 작가 빌리 푸흐너가 소개한 자연의 일기는 매우 시적인 그림책이다. 그가 그린 그림들은 마치 어린아이들의 꿈과 같다. 부드러운 손길로 세밀하게 그려진 그림들은 고상한 색상으로 덧입혀져 그의 일기장을 채우고 있다.

- 디자이너 다이제스트 -

빌리 푸흐너는 세밀 화가이다. 이 책에서뿐만 아니라 이미 여러 해 전부터 자료집에 대상의 단면을 모방하거나 베껴서 재현하는 일을 했다. 물론 이 대상들은 그만의 독특한 관점을 통해 새로운 모습으로 다시 태어난다. 대상을 작은 조각으로 분해하거나 분류하는 것은 바로 그의 판타지이다. 그래서 책 한 장 한 장은 바로 전시장이다. 책장을 넘길 때마다 독자들은 아름다운 것들을 선물로 받는다. 볼 것들과 생각해 볼 것들을. - 빈 차이퉁 -

빌리 푸흐너의『자연의 일기』는 이 세계가 지니고 있는 다양성 가운데 작은 부분을 묘사해보려는 시도이다. 이를 염두에 두고 푸흐너는 특별한 글과 그림, 수집품을 모자이크 식으로 맞추었다. 이 세상의 존재가 어른의 무신경한 눈에는 '의미 있고 아름다운 것' 과 '무의미하고 추한 것' 두 부류로 나뉠 뿐이지만, 편견에 사로잡히지 않은 시선으로 이 존재를 보면 모든 것이 서로 관련된 통합체라는 점을 깨닫게 만드는 게 이 책의 특별함이다.

- 잔트암메어 | 사이버 문학잡지 -

자연일기

자연(NATUR): 사람이 만들지 않은 생물 및 무생물로 존재. 변화하는 모든 것. 천지 대부분을 구성. 이 천지의 생성과 합법칙적 현상은 사람의 관여 없이 독자적으로 존재하며, 또 그렇게 상정(想定). 자연은 또 지표면과 특정 지역을 구성하는 식물과 동물, 하천, 암석의 총체. (특정한) 인간과 동물의 기층에 놓여있는 지적, 정신적, 육체적, 생물학적 특질과 특성 역시 자연...   - 독일어 '두덴' 사전의 정의 -

게는 딱딱하게 둘러싸인 껍질 때문에 철옹성을 연상시킨다. 옆으로 걷는 게의 특성 때문에, 걸음이 몹시 느리거나 일이 잘 진척되지 않을 경우 이를 게걸음에 비유하기도 한다.

직관주의자들은 모든 것을 한 눈에 파악한다. 하지만 섬세한 세밀 화가는 실증적인 기교를 통해, 끈질기게, 개별적인 사실들을 차례차례 발견하고 분류한다. 세밀 화가는 직관적인 철학자의 불확실한 관조에 도전하려는 것처럼 보인다. 세밀 화가가 철학자에게 전해주고 싶은 말은 이것이 아닐까?
"당신은 그것을 보지 못한 모양이군요! 한 눈으로는 결코 파악할 수 없는 이 모든 작은 것들을, 시간을 가지고 여유 있게 살펴보십시오!"
- 가스통 바슐라르, 공간의 시학 -

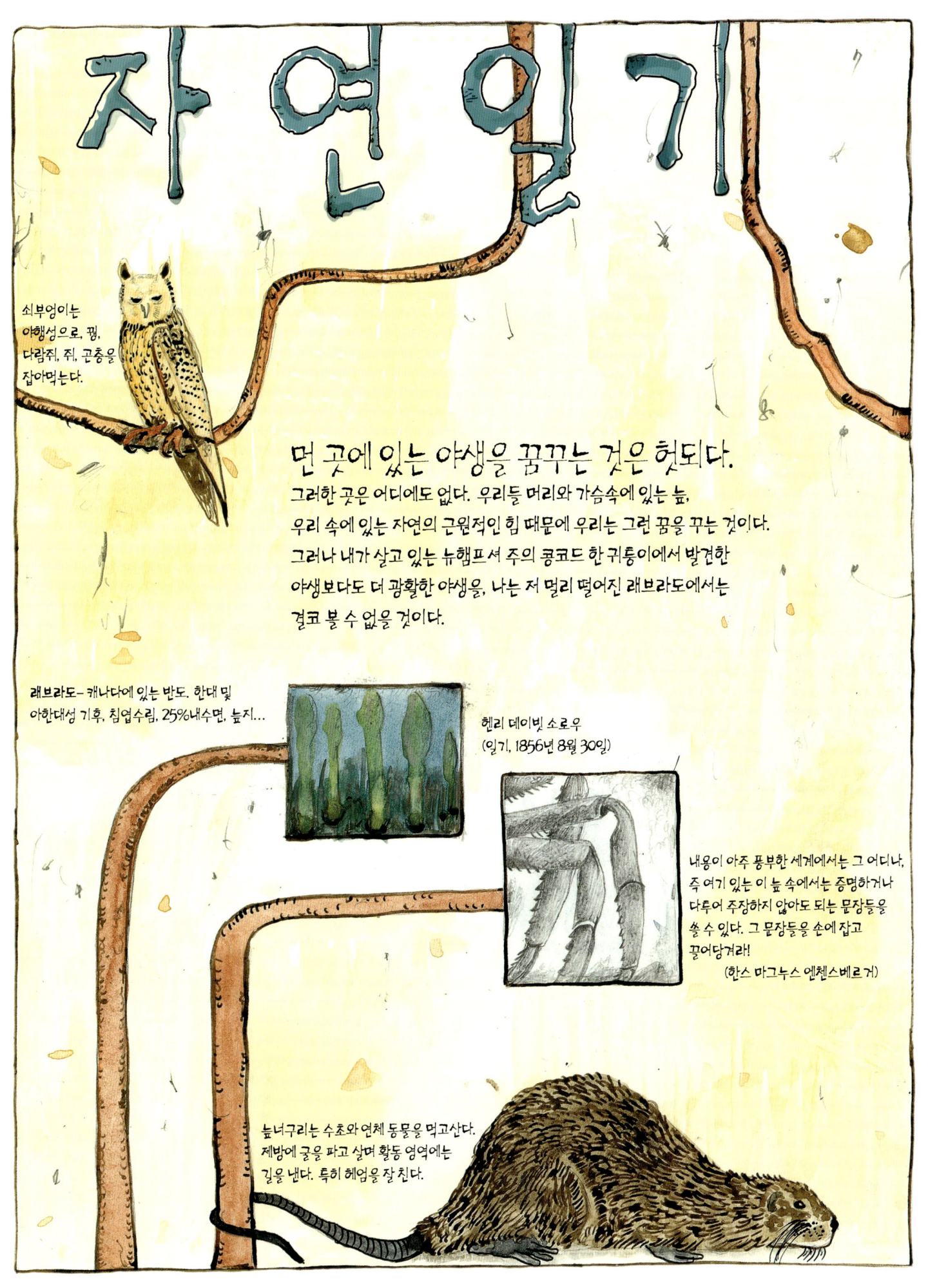

자연  시간

甲

雀

거실을 꾸밀 때 쓰는 플라스틱 조화, 합성수지 달팽이, 종이 학, 스티로폼 물고기, 봉제 동물. 자연을 모방한 사물들이 없는 곳은 없다. 그림 속에도, 책 속에도, 영화에도, 인터넷에도. 자연을 갖가지 장식품으로...

魚

응접실에서 바라본 자연

화석은 인류가 아직 존재하지 않았던 시대의 산물이다. 처음 지구에서는
식물들과 동물들이 자연이라는 최초의 군락과 군집을 이루며 살았다.
그것은 수백만 년 전의 일이다. 오늘날 사유와 문명이 없는 삶을
상상한다는 것은 불가능하다. 무엇인가 남아있는 것, 즉 화석은
그 당시의 동물들과 식물들을 알려주며, 잃어버린 지상 낙원이라 할
그 어떤 것을 또한 가리키고 있다. 하지만 그 어떤 낙원도 결코 존재하지 않았다.

 海

그 어떤 낙원도 결코 존재하지 않았다.

 危

"고래에게 감사할 게 얼마나 많은가!
고래가 없었다면 물고기들은 해안에만 머물렀을 것이다.
먼바다로 가려는 물고기가 전혀 없었기 때문이다.
고래는 해안에 있는 물고기를 먼바다로 데려갔다.
그 후로부터 물고기들은 마침내 아주 자연스럽게 고래 길을
따라 이 바다 저 바다를 누비고 다니게 되었다."
(쥘 미쉴레, 바다)

이 바다에서 저 바다로…

"고래들은 극도로 소심하다. 때때로 새 한 마리 때문에 겁을 먹은 고래들은, 재빨리 바다 속으로 잠수한다. 그래서 바다에 먼저 숨으려고 하다가 몸에 서로 상처를 내기도 한다."
(쥘 미쉘레, 바다)

몇몇 종류의 고래는 천적이 없다. 그럼에도 불구하고 이 고래들은 멸종의 위기에 처해 있다. 수십 년, 아니 수백 년에 걸쳐 인간이 고래를 포획했기 때문이다. 1986년에는 상업성 고래잡이의 무기한 금지가 발효되었다. 사람들은 종종 사태가 아주 심각해져야 비로소 어떤 조치를 취한다. 많은 나라들이 여전히 고래 포획 금지 조약을 준수하지 않고 있다. 상업적 이익이 자연과 고래 보호 보다 훨씬 더 중요하다고 여기기 때문이다.

좀 더 구체적인 사실을 알 수 있는 인터넷 사이트:
www.greenpeace.org

초록 거북이라고도 하는 식용 거북이는
거북 수프의 재료이다. 그래서 종종
이 식용 거북이는 난폭하고 고통스러운 죽음을
당한다. 〈바다의 집〉에서 식용 거북이는
보호를 받고있으며, 날마다 자신을 관찰하는
많은 사람들에 익숙하다.

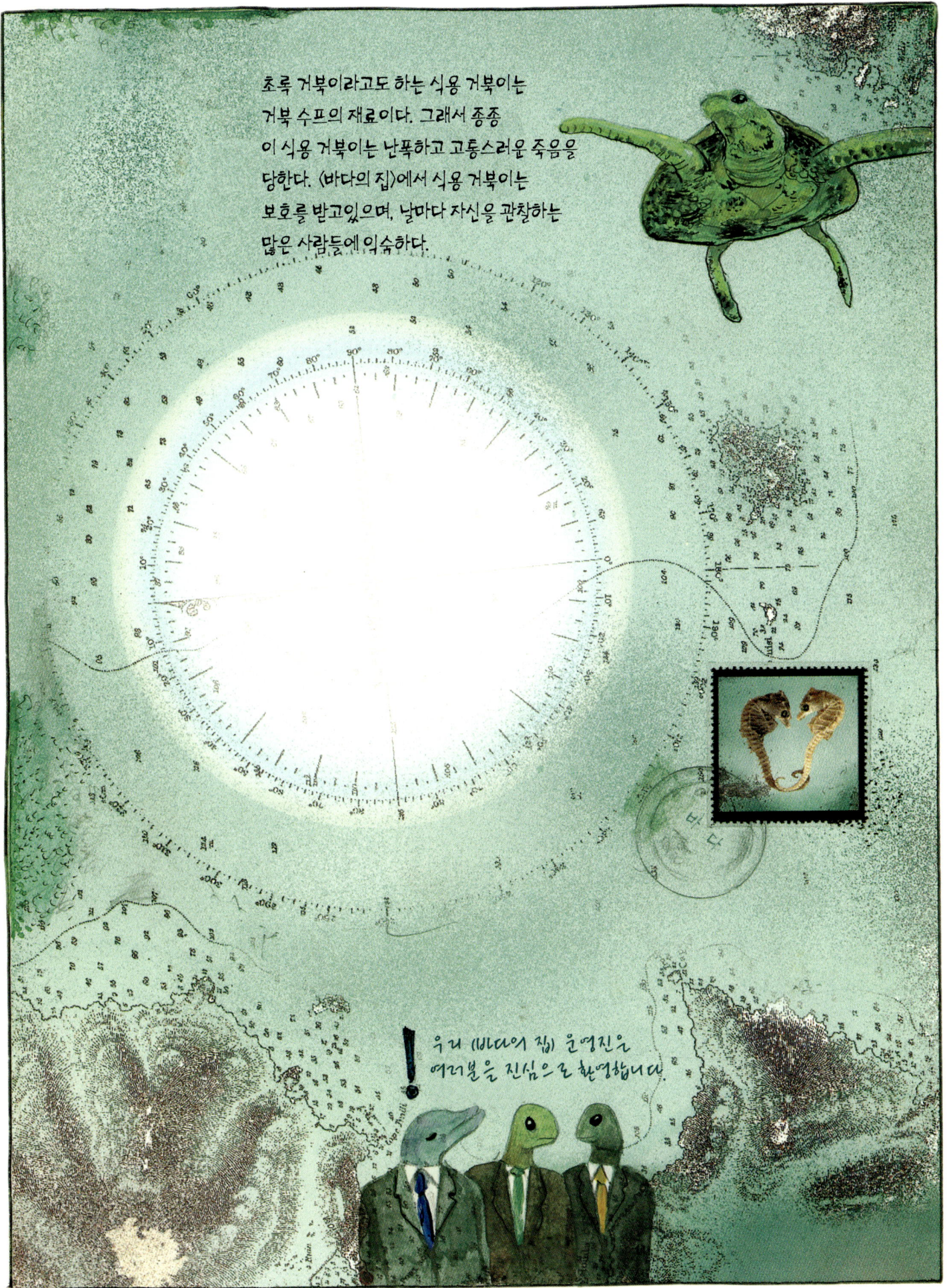

우리 〈바다의 집〉 운영진은
여러분을 진심으로 환영합니다.

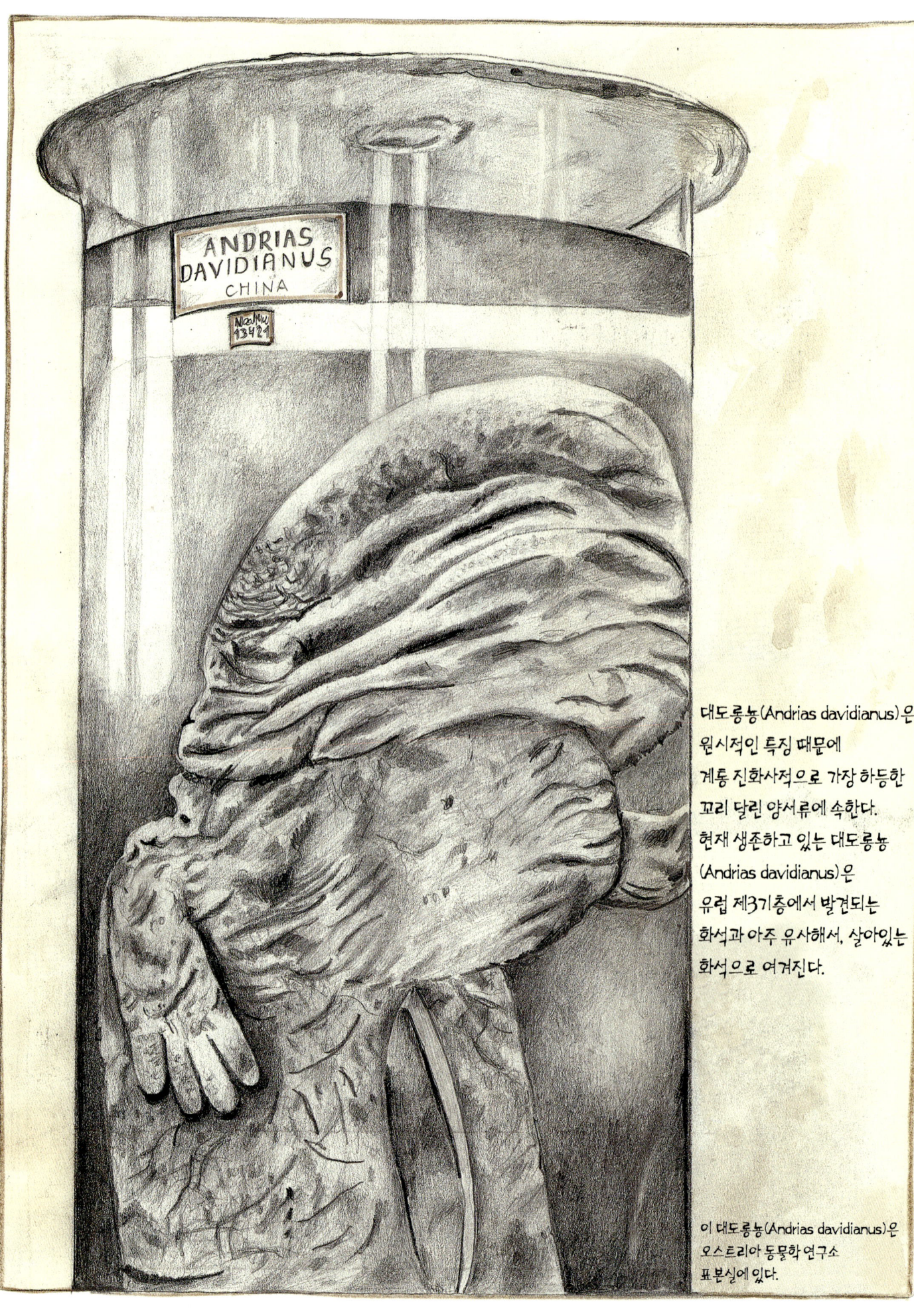

대도롱뇽(Andrias davidianus)은 원시적인 특징 때문에 계통 진화사적으로 가장 하등한 꼬리 달린 양서류에 속한다. 현재 생존하고 있는 대도롱뇽(Andrias davidianus)은 유럽 제3기층에서 발견되는 화석과 아주 유사해서, 살아있는 화석으로 여겨진다.

이 대도롱뇽(Andrias davidianus)은 오스트리아 동물학 연구소 표본실에 있다.

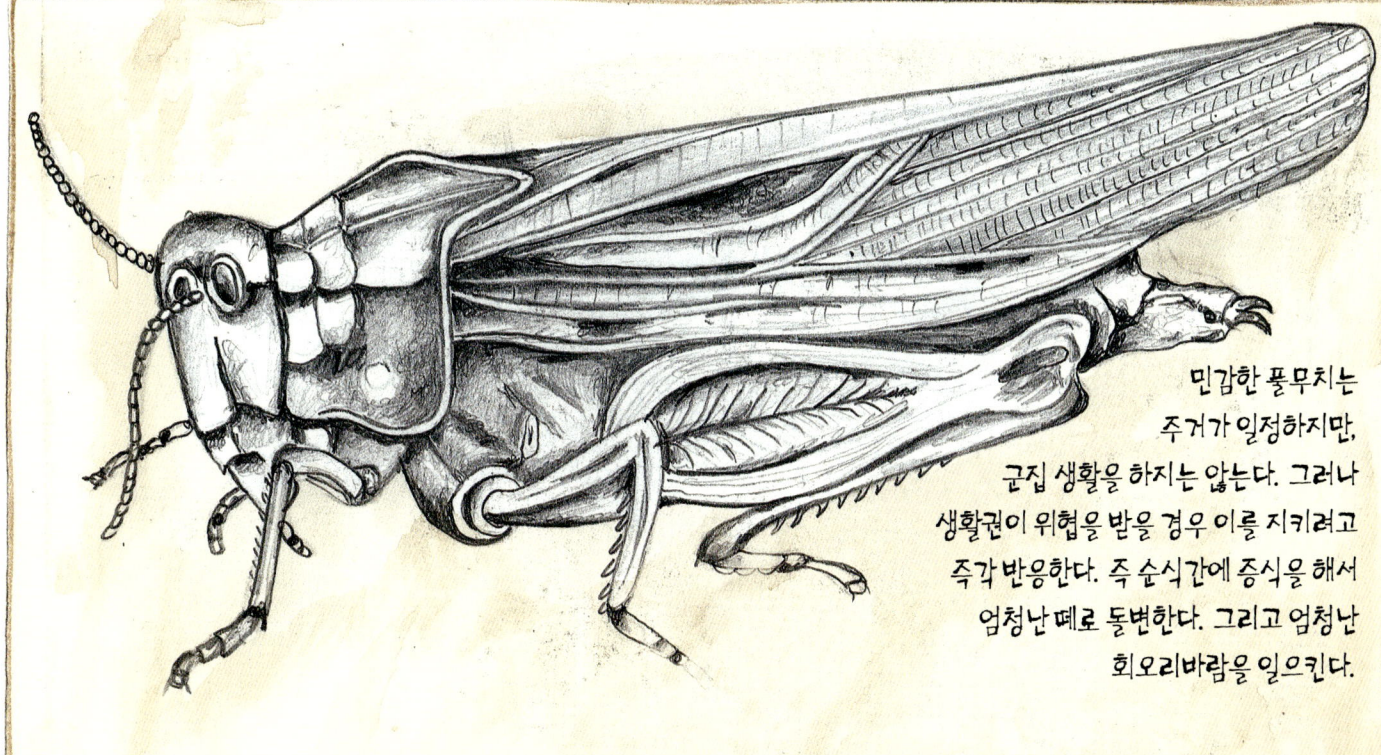

민감한 풀무치는 주거가 일정하지만, 군집 생활을 하지는 않는다. 그러나 생활권이 위협을 받을 경우 이를 지키려고 즉각 반응한다. 즉 순식간에 증식을 해서 엄청난 떼로 돌변한다. 그리고 엄청난 회오리바람을 일으킨다.

자연사 박물관에서 온 편지

제니스에게! 다시 박물관에 와서, 여유 있게 박물관을 둘러보고 있어. 자연사 박물관은 알코올과 죽은 동물들 냄새가 가득한 일종의 경이로운 세계야. 이곳이 내 마음에 들어. 하지만 왜 그런지 그 이유는 잘 모르겠어. 박물관의 표본들에는 대부분 라틴어 이름만 붙어있다는 게 유감스러워. 이 라틴어 이름들이 꼭 필요하다는 건 잘 알아. 그래야 동물들을 정확하게 분류할 수 있고, 또 과학자들은 누구나 그게 무슨 생물인지 알 수 있기 때문이지. 이 학술 용어가 의사소통에 필요한 범세계적인 기호라는 점도 잘 알아. 하지만 중국 대도롱뇽과 'Andrias davidianus' 라는 이름을 한번 비교해보렴. 아니면 담수 해파리와 'Hydroida Lymnoydrina'를. 또는... 제니스, 너도 알겠지만, 동물학의 학술 용어를 쓰면 이 경이로운 세계는 금방 사라져버려. 수많은 비유와 은유가 가득한, 친숙한 우리말을 써야할 것 같아. 그럼 안녕. W.

박물관까지 제대로 갈 수나 있을까...

| Risella. Modulus. | Littorina. Tertarius. | Calpurnus. Pyrarus. | Echinella. Planaxis |

겨울잠!

겨울잠을 자는 동물들은 심장, 호흡, 물질대사, 체온 등 신체 기능이 저하된다. 동물이 겨울잠을 자는 것은 동물에 따라 적정기온이 다르기 때문이다. 기온이 떨어지면 동물은 겨울잠을 잔다. 이 시기에 겨울잠을 자는 동물의 에너지 소모는 85% 이상 줄어든다. 에너지원으로는 저장된 지방을 사용한다. 겨울잠을 자는 작은 동물들은 때때로 위험에 처하기도 한다. 몇몇 작은 동물들은 얼어죽기도 하는데, 덩치가 큰 동물들에 비해 이 작은 동물들은 몸에 혹은 몸밖에 겨울을 나기에 충분한 지방을 비축할 공간이 없기 때문이다. 지방이 부족한 동물은 겨울잠에서 깨어나게 된다. 그것은 겨울잠을 자는 동안 신경계가 작동을 하고 위급한 경우 심장 박동 수와 호흡수가 높아지기 때문이다. 그러면 동물들은 대부분 비교적 안전한 장소를 찾아 이동한다.

1 - 호두
2 - 산딸기
3 - 배
4 - 빈대
5 - 블루베리
6 - 상상 벌레
7 - 딱정벌레
8 - 버찌 호두
9 - 버찌
10 - 나방
11 - 그물버섯
12 - 양파
13 - 거미
14 - 살구
15 - 도토리
16 - 버찌파리
17 - 솔방울
18 - 밤
19 - 살구버섯
20 - 무당벌레

겨울 잠!

자연의 발자국

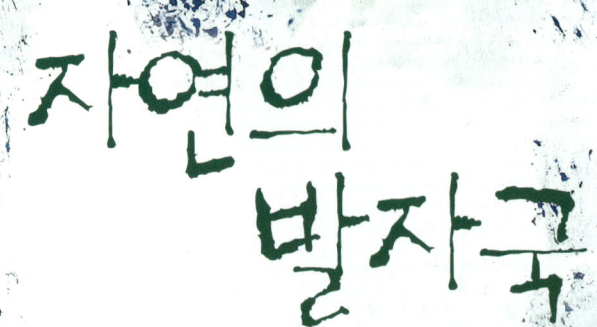

콘라드 로렌츠가 했던 말:
"무리가 익숙한 장소, 익숙한 시각을 고수한다는 것은 야생 동물의 경우, 항상 파멸을 의미한다."

야생 거위의
이상적인 생활 공간은
무성한 식물군을 갖춘 큰 호수이다

겨울에, 바람이 그렇게 심하게 불지 않는 날에는 자연에서 많은 것을 체험할 가능성이 있습니다. 언 호수 위로 눈이 덮여 있을 경우 특히 그러하지요. 이때 많은 변화가 있습니다. 눈 위에 찍힌 발자국을 통해 사람은 많은 것을 발견할 수 있습니다. 발자국을 구별할 줄 아는 사람은 자기 자신에 관해서도 많은 것을 알 수 있지 않을까요?. 겨울에는 흰꼬리수리, 또는 가장 빠른 육식 조류 가운데 하나인 솔개 등 겨울나기를 하는 조류를 관찰할 가능성이 있으며, 백로와 같은 희귀조도 또한 겨울에 이곳에서 볼 수 있습니다...
비판적 거리를 유지할 줄 아는 사람, 계절의 리듬을 탈 줄 아는 사람은 많은 것을 보게 됩니다. 완벽하게 연출된 텔레비전과 신문 보도 때문에 많은 사람들이 잘못된 생각을 하고, 자연 공원에 와서는 대중 매체의 보도가 보여준 그런 유사한 것을 체험할 것이라고 기대합니다만 그런 기대를 자연은, 자연 공원은 충족시켜 줄 수 없습니다..." 라고 오스트리아의 빈 근처에 있는 국립공원 노이지들러 호수의 홍보 담당인 알로아 랑은 말한다.

9.5cm
야생 거위

노이지들러 호수

오스트리아와 접경인 헝가리 저지대에 위치한 염분을 약간 함유한, 흐르지 않는 작은 호수. 길이 35km, 폭 7~15km, 수심 1~2m. 폭넓은 갈대 띠가 호수를 에워싸고 있음. 이 호수는 마지막 빙하기 말에 형성되었다...

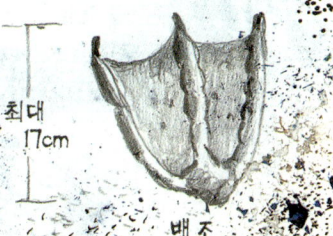
최대 17cm
백조

눈에 찍힌 발자국

7cm
물오리

그림 속에 보이는 발자국은 백조, 야생 거위, 아니면 물오리가 남긴 흔적일 것이다.

12월에는 이런 일이 시시각각 발생할 수 있다. 즉 호수 위로 얇고 단단한 얼음이 형성되는 것이다. 이 얼음은 몇 달이 지나야 갈라진다...

야생 동물을 찾아내기, 추적하기, 쓰러뜨리기:

사냥꾼들과 이야기하게되면 나는 다른 말을 써야만 한다. 수렵계획, 수렵기, 사격지침 등과 같은 단어들이 갑자기 쏟아진다. 이 단어들을 나는 이해하기 어렵다...

전리품인 자연

야생 오리는 8월 16일부터 12월말까지, 야생 거위는 8월 1일부터 1월말까지 사냥할 수 있다.

동물 개체의 고통 때문이라면 사냥을 전면적으로 거부할 수 있다. 그렇다고 자연보호의 입장에서 철저하게 모든 형태의 사냥에 반대하는 것은 아니다.: 세계동물보호기금(WWF)

장식품인 자연

첫 사냥감은 특별한 기념품이죠, 라고 박제 제작자는 말한다. 이제 대팻밥을 속에 넣어 심을 만든 오리와 거위의 박제 가격은 1,500~3,000 실링이다. (예를 들면 화려한 원앙새 박제가격은 약 1,800 실링이다.)

※1실링은 한화로 약 90원 정도

앞선 변화
- 순간마다 가까워 오는 봄 -

봄   라이너 마리아 릴케

봄을 조금 안다고
생각하는 것은,
번쩍이는
새로운 불빛이라기보다는
정겨운 정원 오솔길 위에
던져진 부드러운 흩어진
그림자들의 유희.

-1연-

그림자는 우리에게
정원을 주었다.
이제 시작하는
변화 속에서 우리가,

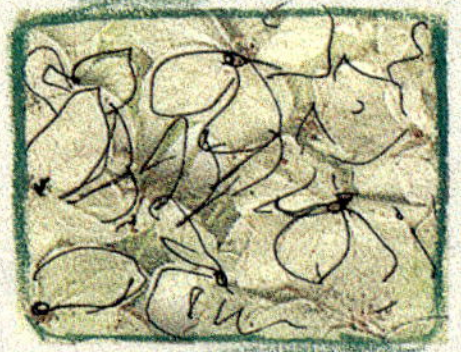

이미 변화되었음을
깨달을 때면,
잎사귀의 그림자가
우리의 두려움을
달래준다.

-2연-

앞 선 변 화
앞 선 변 화
앞 선 변 화
앞 선 변 화
앞 선 변 화
앞 선 변 화

봄   라이너 마리아 릴케

어제만 해도 말이 없던
대지의 공간에 소리가 들리듯이;
이제 웅웅거리는 소리, 노랫소리 가득 차:
부르는 소리와 대답이 깃들이려 한다....

물이 흘러 대지가 살랑거린다.
꿀꺽꿀꺽 마시는 봄
눈이 먼 채 초록빛으로 비틀거리고
꽃의 입에서
취한 숨을 내뱉는다.   - 3, 4연 -

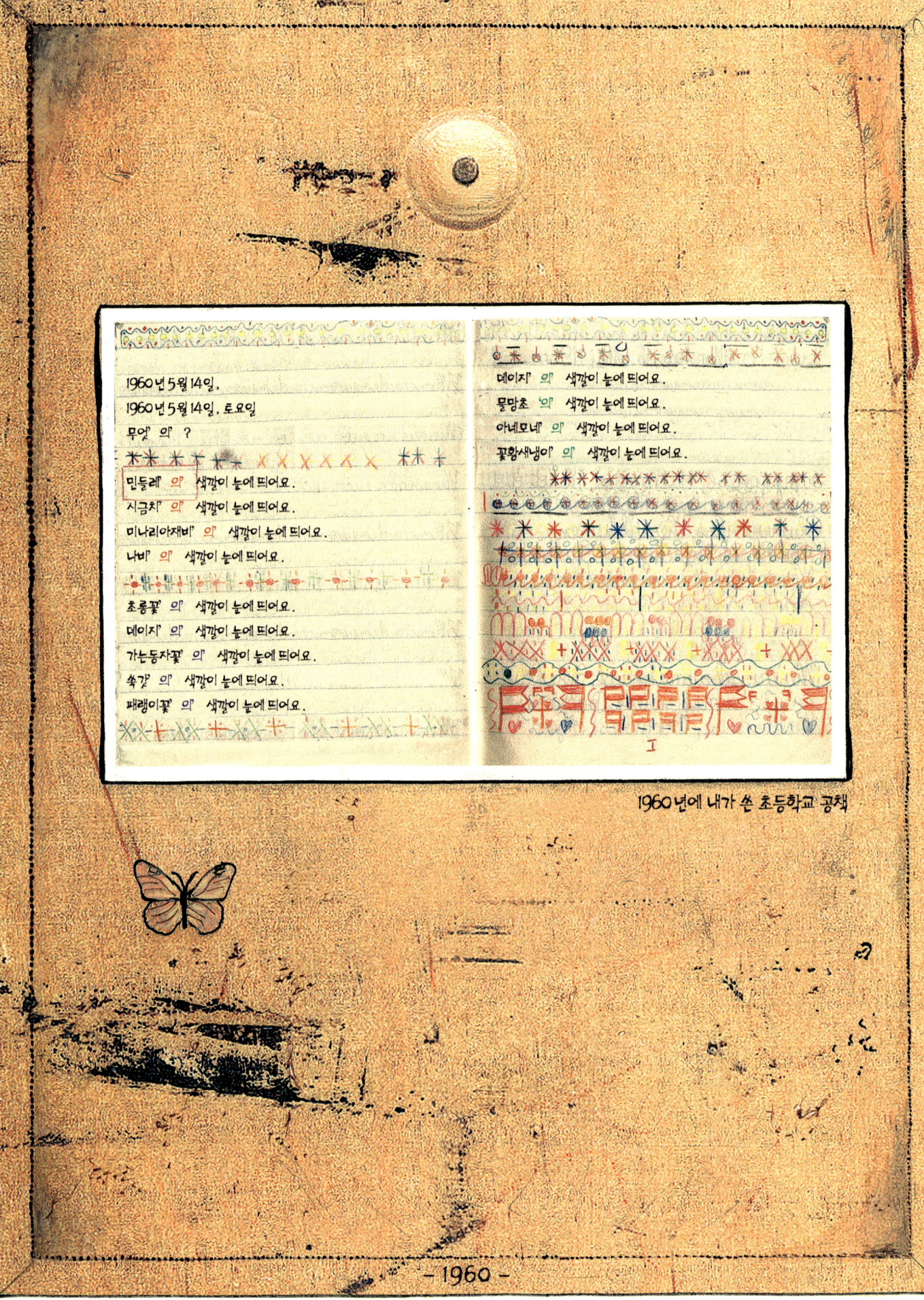

자연약초

자연과 몸의 관계:

오늘날 많은 사람들이 약용 식물을 찾고 있다. 식물 추출물과 야생차가 건강에 좋으며, 이를 통해 육체의 활력을 높일 수 있다고 생각한다. 자연과 몸, 건강, 질병에 대한 생각이 바뀌고 있다. 자연과 친화하려는 사람에게 요구되는 것은 인내와 감수성, 지구력이다.

자주 루드베키아
Echinacea purpurea

자줏빛의 이 자주 루드베키아를 인디언들은 오래 전부터 약초로 사용했다. 자주 루드베키아는 기침, 콧물, 관절통에 효능이 있고, 또 항생 작용도 한다. 그리고 화상이나 상처, 뱀에 물렸을 때도 쓰인다. 자주 루드베키아는 최신 의학술에 따라 최상의 품질로 생산된 약과 함께 쓰인다.

은행잎
Ginkgo biloba

은행나무는 그 기원이 고생대 말까지 거슬러 올라가는 유일한 식물이다. 이미 오래 전부터 한국과 중국, 일본에서는 신성한 나무로 여겨져 왔다. 섬세한 잎맥이 있는 부채꼴의 잎은 혈액 순환 촉진과 진통 등의 다양한 효능이 있다. 그리고 두통, 치질, 불면증을 치료하거나 집중력을 강화시키는 약으로 쓰인다.

망종화
Hypericum perforatum

'요한초'라고도 하는 황금빛의 망종화는 해가 잘 드는 언덕의 마른땅에서 잘 자란다. 고대부터 여러 가지 병을 치료하는 약으로 쓰였다. 식물성 우울증 치료제는 그 대표적인 예이다. 망종화는 야뇨증, 신경성 탈진, 류머티즘, 신진대사 장애에도 치료 효과가 있다. 이때 약은 차나 규격화된 약제의 형태로 복용한다.

자연약초

쓸모 없는 것에 감추어진...

"풀이나 암석, 혹은 나무에서 눈에 보이는 것은 약제가 아니다. 그것은 모두 쓸모 없는 것이다. 그러나 내면에, 외피 밑에 바로 약제가 있다... 종종 순도 높은 금과 은이 발견되듯, 그렇게 순수한 약제도 또한 간혹 발견된다." (파라셀수스)

생강
Zingiber officinale

약제와 음식의 구분은 뚜렷하지가 않다. 중국 속담은 이 사실을 분명하게 보여준다. "음식이 보약이고 보약이 음식이다." 아프리카와 아시아권에서 생강은 용도가 다양한 효과적인 약제로 간주된다. 생강은 소화를 촉진시키고, 두통과 감기 치료에 도움이 된다. 생강은 동남아의 쌀 요리, 고기요리, 야채수프, 잼, 과자와 빵에 향신료로 쓰인다.

금잔화
Calendula officinalis

금잔화는 정원에서 관상 식물로 많이 재배한다. 금잔화의 약효는 중세에 처음으로 발견되었다. 그것은 금잔화가 피부 기능에 유익한 작용을 한다는 사실이다. 그래서 잘 낫지 않는 상처나 정맥류에 금잔화가 사용된다. 피부 탄력제로, 또 민감한 피부 보호제로 금잔화는 미용에서도 한몫을 한다.

산사나무
Crataegus oxyacantha

수많은 연구를 통해 산사나무는 심장의 혈액 순환을 촉진하고, 심장 기능을 강화시키며 심장의 혈관을 확장시키는데 효과가 있는 것으로 밝혀졌다. 산사나무는 고혈압과 저혈압을 정상으로 되돌려 놓을 뿐만 아니라, 이를 미리 막는 예방제로도 쓰인다. 또 스트레스나 신경 쇠약, 신경과민 때문에 만성 심부전증을 앓는 사람에게 산사나무는 치료제로 권장된다.

〈노아 방주〉 방문하기. 성(城)의 관상용 정원에는 시식할 수 있도록 노란, 초록, 빨간색의 토마토, 갈색과 보라색의 감자, 여러 색깔의 피망과 수북하게 잘라놓은 사과 조각이 식탁에 놓여 있었다. 모든 게 맛이 조금 달랐다. 감자는 부드러웠고, 사과는 새콤 달콤했고, 토마토는 향내가 좋았다. 〈노아 방주〉 협회는 다양한 재배 식물을 보전하려고 한다는 사실을 나는 씨앗 카탈로그에서 읽게 되었다. 그리고 계속해서 이 카탈로그를 읽으며 나는 행복한 항해를 계속해 나갈 수 있었다.

씨앗 카탈로그에는 구입할 수 있는 약 3,000종의 채소와 곡물, 과일, 약초, 꽃들이 실려있다.

언젠가는 노랗고 하얀 토마토와 보라색 감자, 파란색 콩깍지의 완두가 생기지 않을까…

숲은 전체 환경에 필요한 여러 가지 중요한 역할을 한다. 숲은 공기 중의 습도를 조절함으로써 날씨에 영향을 미친다. 비가 많이 올 때는 물을 저장하고 가물 때는 물을 내보내는 뿌리의 '스펀지 작용'을 통해 숲은 수량을 조절한다. 그리고 녹색의 허파로 불려지는 나무들은 공기 중의 유해 물질을 정화하고 새로운 산소를 생산한다. 숲은 토양의 침식과 눈사태를 막는다. 또한 숲은 많은 동물들과 식물들의 생활 공간이다. 게다가 숲은 사람이 쉴 수 있는 휴양지 역할까지 한다.

숲은 나에게 일종의 휴식이다. 쉴새 없고, 번잡하고, 급박하고, 귀를 파고드는 소음으로 가득한 우리의 일상에서 숲은 내가 휴식을 취할 수 있는 많지 않은 장소 중의 한 곳이다. 오스트리아에서는 누구나 420그루 이상 (오스트리아 전체 나무 수 34억 그루를 인구수 8백 9만으로 나눈 숫자)의 나무를 이용할 수 있다.

오스트리아의 가축수

1999년 12월 1일에 전면 실시된 일반 가축수 조사(AVZ)의 잠정 집계에 따르면 말, 당나귀와 같은 기제류가 81,900마리, 소가 155,000마리, 돼지가 3,431,000마리, 양이 252,000마리, 염소가 57,000마리, 닭이 13,787,000마리, 그 밖의 가축류가 701,000마리, 고기를 공급할 수 있는 종축류가 39,400마리인 것으로 밝혀졌다.

암탉은 알을 낳는 암탉과 병아리, 식용 영계로 분류했다.

1999년의 조사에서 수탉은 따로 분류하여 세지 않았다.
1995년의 조사에서 수탉은 104,049마리였다.

1999년의 조사에서 오리 역시 따로 분류하여 세지 않았다.
1995년의 조사에서 오리는 99,616마리였다.

1999년의 조사에서 거위는 따로 분류하여 세지 않았다.
1995년의 조사에서 거위는 22,067마리였다.

염소는 새끼를 낳은 염소와 새끼를 밴 염소로 분류했다.

양은 어미 양과 새끼를 밴 양, 그 밖의 양으로 분류했다.

오스트리아의 가축수

지난번 오스트리아의 일반 가축 조사는 1995년 12월에 실시되었으며, 앞으로 이 가축 조사는 유럽공동체(EU)의 규정에 따라 4년 이상의 간격을 두고 실시될 것이다...

칠면조는 그 밖의 가축류에 포함시켰다. 1995년의 조사에서 칠면조는 680,555마리였다.

돼지는 새끼 돼지, 식용 돼지, 번식 돼지, 씨돼지로 분류했다.

송아지는 번식용 송아지, 도살용 송아지, 그 밖의 송아지로 분류했다.

소는 젖소, 비육우, 황소, 그 밖의 소로 분류했다.

낙타는 (유감스럽게도) 오스트리아에서 가축에 포함되지 않는다.

말은 말, 당나귀, 버새, 노새로 분류되는 기제류에 포함된다.
(수컷말 + 암컷당나귀 = 버새, 수컷당나귀 + 암컷말 = 노새)

유리 속에 있는 자연

갈매기

눈-물고기

물고기 떼

조개

"있는 그대로의 실물에서는 사태나 본질을 인식하는 것이 관심사라면, 축소된 모델에서는 세세한 부분이 아니라 전체적 조망이 더 중요한 관심사이다. 그러나 그것은 모델의 환상에 불과하다. 그럼에도 그렇게 하는 것은, 이성뿐만 아니라 감각에도 즐거움을 제공하는 이 환상을 만들고 유지하는 게 중요하기 때문이다." (클로드 레비-스트로스)

유리 속에 있는 자연

어린 양

수탉

고슴도치

햄스터

이 작은 동물들에게 별도의 세계를 마련해줌으로써, 나는 이 동물들이 내게 의미가 있다는 것을 보여준다. 이 동물들은 다른 곳에서는 찾아볼 수 없는 유일한 존재이다. 나는 이 동물들을 깨어지기 쉬운 유리 덮개 속에, 우리의 현실 세계 저 너머에, 눈보라와 환상이 살아 숨쉬는 이 작은 세계에 옮겨 놓았다.

축소된 이 세계는 나를 민감한, 우수에 찬 관찰자로 만든다. 이 작은 동물들을 볼 때면, 이 동물들과 마찬가지로 나도 유리로 만든 푸른 하늘 아래 앉아 있다고 느낀다.

자연계의 뉴스

돌리

현대의 생명공학이 만들어낸 양 돌리는 세계적 사건이었다. 처음으로 복제된 이 젖먹이 동물은 어미 양을 빼박은 듯 닮았다. 돌리가 전세계적으로 우려의 목소리를 야기하리라는 것은 이미 예견된 일이었다. 무엇 때문에 우리는 두려워하는 것일까? 우리의 유일성을 잃어버릴까봐 두려운 것일까? 우리가 믿는 것과는 달리, 우리 자신이 더 이상 유일하지 않을 수도 있다는 사실 자체가 곤혹스럽기 때문에...

광우병

광우병을 앓는 소는 신체 조율의 심각한 장애에 시달린다. 즉 이 소는 비틀거리면서 몸을 제대로 가누지 못한다. 이 병에 걸린 소의 고기를 먹으면, 크로이츠펠트 야콥병에 걸려 광우병 소처럼 몸을 제대로 가눌 수 없게 된다. 우리가 환경을 침해하기만 한다면 결국 모든 질서는 파괴될 것이다...

크로이츠펠트 야콥병 : 중추신경계를 침범하는 바이러스성 감염질환으로 치매증세와 수면 장애, 방향 감각 상실이나 대뇌기능 이상이 나타난다.

스캔들

과밀 상태의 우리에서 돼지는 고깃덩어리로 사육된다. 최단시간 내에 극대의 소득을 얻을 목적으로! 과도하게 사용된 약물은 돼지 몸에 축적되고, 이 고기를 먹은 사람은 정신 장애를 앓거나 건강을 해치게 된다. 오늘도 우리는 우리에게 익숙한 돼지 -소시지, 햄, 돼지 불고기, 돈가스- 를 먹을 뿐이다...

개인 소장 우표

산에서 본 가장 아름다운 장면   아늑한집

자연계의 뉴스

다이옥신

벨기에의 다이옥신 파동은 탐욕적인 이윤 추구가 빚어낸 충격적인 사건이었다. 처음에 양계 농가를 속이고 사료를 공급했다가, 죄 없는 닭들만 대량 폐기하는 사태가 발생했다. 한 양심 없는 사료제조업자가 동물의 사체와 자동차 폐유를 섞어서 만든 '속성양계 사료'를 판매했다. 이 사료를 먹은 닭들의 몸에서 과도한 양의 다이옥신이 검출되었고, 몇 주 내에 닭 수백만 마리가 폐기되었다...

대규모 사육

소, 돼지, 닭, 오리, 거위 외에 물고기도 대량으로 양식된다. 지금까지 대규모 사육의 문제자체가 신문지상을 크게 장식한 적은 없다. 동물들이 비참한 사육 환경에서 아픔과 고통을 당하고 있다는 사실에 주의를 기울이는 사람은 너무도 적다. 아무런 양심의 동요 없이 우리는 그 고기와 달걀을 먹는다. 그리고 이 동물들의 고통이 우리들의 건강에 어떤 영향을 줄는지는 조금도 고려하지 않는다...

유전자식품

모든 게 더 크고, 더 화려하고, 더 완벽해져야 한다. 무결점, 완벽이 우리의 목표이다. 감추어진 자연의 비밀을 더 많이 풀면 풀수록 우리는 더 많은 생명체를 조작할 수 있다. 언젠가는 수박 만한 오렌지와 토마토를 살 수도 있을 것이다. 이런 것들에 쉽게 현혹되면, 헤아릴 수 없이 다양한 과일 본래의 맛을 잃어버릴 것이다. 과학의 발전은 무지와 과대망상의 위험을 또한 수반한다...

개인 소장 우표

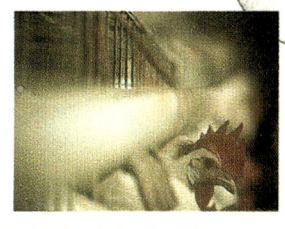 

밖으로 한번 나가고 싶어   우리는 행복한 짝

1) 알브레히트 뒤러   2) 에드윈 랜드시어   3) 조지 스텁스

"자연 속에 있는 생명은 이 자연의 진리를 인식하도록 만든다.
그러므로 자연을 열심히 들여다보아라, 자연을 기준으로 삼아라
그리고 자연으로부터 출발해 네 생각을 갖추어라…
정말로 예술은 자연 속에 감추어져 있기 때문에,
누구든 예술을 이끌어낼 수 있는 자는
그것을 소유하게…"
(알브레히트 뒤러, 1528)

※ 독일 르네상스 회화의 완성자

자연그림

예술

4) 짧은 다리 도요새   5) 곱슬머리 펠리컨   6) 들꿩

"자연은 우리 눈앞에 펼쳐진 철학 책이다.
하지만 이 자연의 책을 판독하고 읽을 수 있는 사람은 극소수에
불과하다. 그것은 이 책이 우리의 알파벳과는 전혀 다른 문자로,
삼각형과 사각형으로, 원과 구(球)로, 원추와 피라미드 형태로
작성되고 기록되어있기 때문이다…"
(포르투니오 리체티에게 쓴 갈릴레오 갈릴레이의 편지, 1640)

"자연처럼 분명한 것도 없어! 잘 봐, 펠리컨은 우선 개구리를, 그리고 나서 메뚜기를 먹을 거야! 개구리와 메뚜기는 그냥 잡아먹히려 거기 있는 거야." 한 사람이 말한다.

"이번에도 네가 틀렸다고, 나는 생각해! 개구리와 메뚜기는 벌써 기발한 생각을 머리에 지니고 있는 게 너는 보이지 않는 모양이구나."

연못

쉴 때면 언제나 나는 한 연못을 찾는다. 빗물 외에는 아무런 물도 유입되지 않는 이 연못. 모든 게 자연 그대로인 천국. 국립공원 상부 로바우와 하부 로바우 사이, 오스트리아 빈 그 어디쯤 있는 이 연못. 이곳은 내게 은신처, 일종의 은밀한 피난처이다. 이곳에서 나는 한련, 쇠기풀, 야생 박하, 향기 없는 개꽃, 작은 꽃이 피는 털별꽃아재비에 에워싸인다. 물밑에서는 물고기가 먹이를 찾아다니고, 물위에서는 소금쟁이가 산책을 하고, 연못가에서는 개구리와 두꺼비가 웅크리고 있다. 크고 작은 잠자리들이 끊임없이 내 곁을 스치듯 날아다닌다, 라고 지금 내가 이 글을 쓰는 순간 이 낙원은 완벽하다.

최근에 나는 크게 놀란 적이 있다. 그때 나는 바람을 집어넣은 매트리스 튜브 위에 앉아 아무 생각 없이 수면을 바라보고 있었다. 갑자기 나는 1미터쯤 떨어진 곳에서 몸을 곧추세우고 있는 뱀 한 마리를 보았다. 나는 내 매트리스에서 펄쩍 뛰어올랐고, 곧바로 개구리 한 마리가 내 자리에 앉았다. 부들부들 떨면서. 미친 듯이 심장을 퍼덕거리며. 이 순간 나는 깨달았다. 얼마나 쉽게 깨어질 수 있는 게 이 낙원인가. 나 또한 크게 놀라 순간적으로 겁을 먹었다. 겁에 질린 이 미물에게 연민이 생겼다. 몇 분 후 이 개구리는 다시 물 속으로 뛰어들어갔다.

'자연의 일기'를 만들때 사용한

준비물: 색지(色紙), 자, 형지(型紙), 커터, 연필 깎기, 접지 주걱, 가위, 작은 접시, 만년필, 색연필, 만년필 리필, 풀 등등

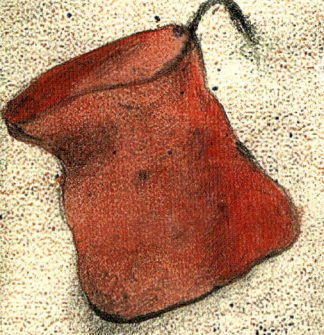
다량의 붉은 주머니

컬러 큐브
(경우에 따라서는 스탬프도 가능)

파리 스탬프

학습용 고급 수채 물감:
(레몬색, 순황색, 인도황색, 오렌지색, 주홍색, 순적색, 심홍색, 보라색, 네이비 블루, 코발트 블루, 프로이센 블루, 터키 옥색, 청록색, 프랑스 그린, 황록색, 크롬옥시드 그린, 진갈색, 반다이크 브라운, 적갈색, 인도적색, 황갈색, 피부색, 검정)

다량의 흰 수건

스케치 연필 세트
H, F, HB
B, 2B,
3B, 4B,
5B, 6B,
7B, 8B

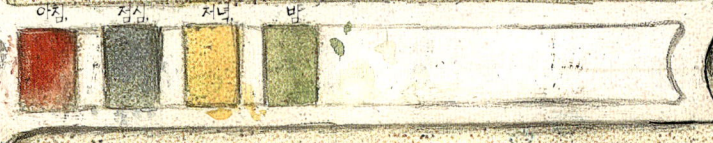
특수 수채 접시

그림 재료와 필기용품

재료 : 스카치 테이프, 지우개, 도화지, 각종 크기의 붓, 크레용, 연필, 우표…
각종 그림, 사진, 스케치, 상상화, 구상화, 상상력…

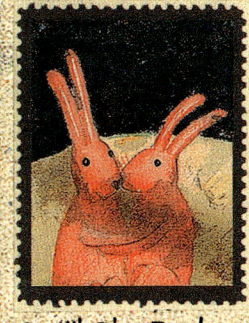
빨간 토끼

(겨울잠)

(가축수 조사)

일기의 모티브로 삼을 수 있는 대상은 아주 많다. 죽은 작은 동물, 뼈의 일부분,
부패, 말린 식물, 젖은 이끼, 새떼, 피어있는 꽃, 단어들
예를 들면, '덧없음', '유한성' 과 텍스트들도 이용할 수 있다. 한마디로,
모티브가 될 수 있는 것은 무궁무진하다…

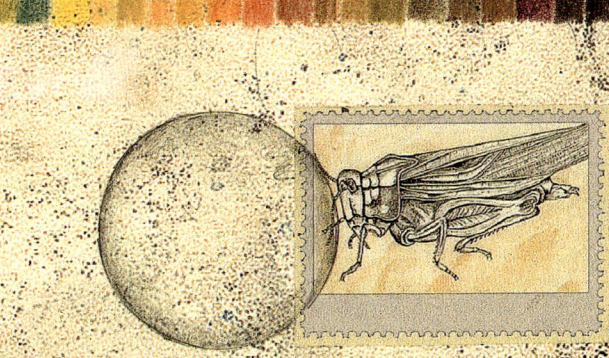
자연사 박물관에서 온 편지

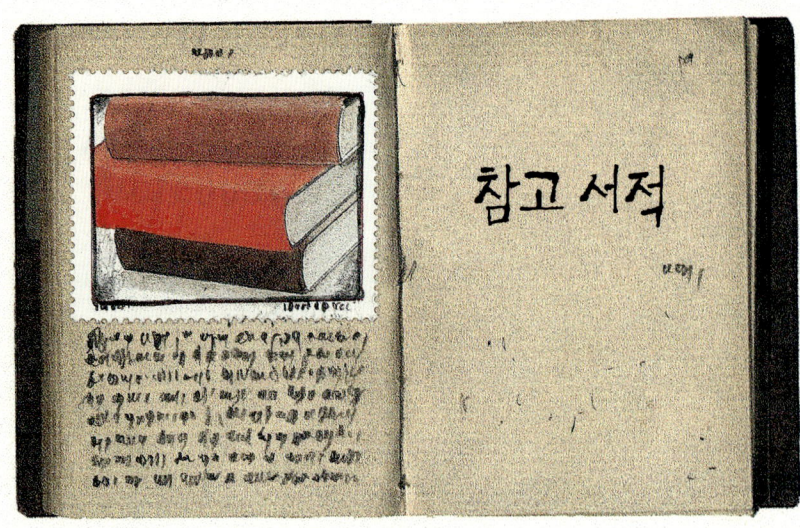

참고 서적

레오 나우라틸: 부화와 정신의학, 빈, 1999
헤르만 노아흐: 과학의 상징과 존재, 할레, 1936
하르무트 랑에: 우울증 환자의 일기, 취리히, 1990
클로드 레비-스트로스: 슬픈 열대, 한길사, 1998
클로드 레비-스트로스: 야생의 사고, 한길사, 1996
콘라드 로렌츠: 동물과 말하기, 뮌헨, 1995
하인츠 뢰플러: 노이지들러 호수, 빈, 1974
라이너 마리아 릴케: 릴케 전집, 책세상, 2000-2001
쥘 미쉘레: 바다, 프랑크푸르트, 1987
가스통 바슐라르: 공간의 시학, 민음사, 1990
하르트무트 뵈메/알브레히트 뒤러: 멜랑콜리 I, 의미의 미로에서, 프랑크푸르트, 1997
헨리 데이빗 소로우: 월든, 이레, 2001
페넬로페 오디: 자연의학 약초, 뮌헨, 1999
유니버스: 상트 푈텐, 1988
쇠렌 키에르케고르: 반복, 삼성출판사, 1990
파라셀수스: 자연과 정신의 빛에 대하여, 슈투트가르트, 1960
파멜라 포레이/루트 린드세이: 약초, 라스타트, 1992
빌리 푸호너: 펭귄들의 그리움, 쾰른, 2000
빌리 푸호너: 나는..., 슈투트가르트, 1997
빌리 푸호너: 개인 사진에 대하여, 석사학위논문, 빈, 1988
그 밖의 다양한 백과사전, 참고서, 잡지, 전문 사전을 참고하다.

잡지 및 유사 사이트
과학의 모습 - www.wissenschaft.de
바다 - www.mare.de
네이처 - www.nature.com/nature/
과학의 스펙트럼 - www.spektrum.de
유니버스 - www.unversum.co.at

환경 관련 단체
노아 방주 - www.arche-noah.at
그린피스 오스트리아 - www.greenpeace.at
오스트리아 국립공원 - www.bmv.gr.at/index.htm
오스트리아 빈 자연사 박물관 - www.nhm-wien.ac.at
오스트리아 통계청 - www.oestat.gv.at
네발 동물 - www.vier-pfoten.at
WWF - www.wwf.at

동물과 식물
식물학 - www.rrz.uni-hamburg.de
곤충 - www.isis.vt.edu
오스트리아의 수목 - www.garten.at
동물 온라인 - www.tiere-online.de
각종 동물 - www.zooplus.ch
조류 - www.biologie.uni-hamburg.de/b-online/birds/

내 이메일 주소
puchner@aon.at

풍경 경험은 자연 체험과 결부되어 있다. 어렸을 때 이미 나는 여러 달을, 숲 근처에서 살았던 내 할머니 집에서 지냈다. 무엇보다도 그 주변에는 사진 찍기에 좋은 장소가 많았다. 자연을 카메라에 담으면서 나는 눈앞에 보이는 세계로 도피하게되었다. 확고부동하게 붙잡힌 순간을 내 환상은 미화하기 시작했다.

내 할머니의 집
바이터스펠덴 1957

바인피어텔
미스텔바흐 1968

검은 해변
하와이 1973

황소가 있는 풍경
안달루시아 1975

얼음덩이
노이지들러 호수 1976

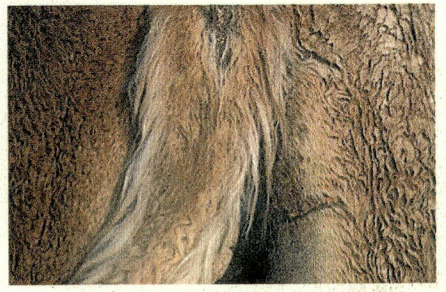

낙타
알제리 1980

파도
캘리포니아 1981

정유공장이 있는 하늘
빈 근처의 슈베하트 1982

위험
잘츠캄머굿 1992

풍경과 인생사

풍경의 개념이 바뀌었다. 자연이 위협을 받고있다는 의식 때문에 내 사진도 변했다. 이 의식과 변화는 결국 이런 결론에 이르게 되었다. 계속해서 사진을 찍는 것이 내게는 불가능하다. 이런 점에서 내가 쓴 책 『펭귄들의 그리움』은 행운이었다. 이 책에서 나는 자연과 여행 사진, 아이러니를 결합시킬 수 있었다. 그리고 이 『자연의 일기』를 나는 또 다른 행운으로 간주한다.

기름 띠
베니스 1983

불이 있는 풍경
멕시코 1983

전망 좋은 방
타이 1983

마돈나 디 캄피글리오
이탈리아 1988

메이지 신사
도쿄 1992

주말
바닷가에서 1992

그림자가 드리운 바다
리스본 1998

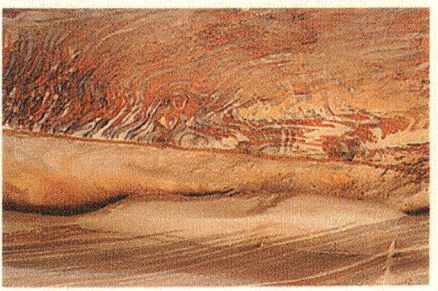
바위도시 페트라
요르단 1999

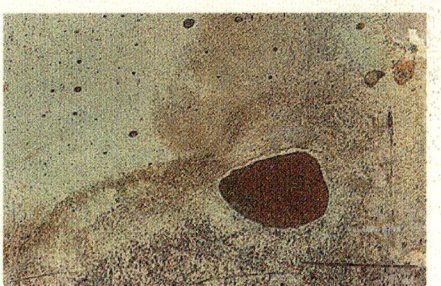
연못에서
빈 2000

풍경과 자연

◦ 옮 긴 이 의 글 ◦

발견, 관찰, 경이

감성적인 발견의 세계. 빌리 푸흐너의 『자연의 일기』는 세상의 다채로운 모습들 가운데 눈에 띄지 않는 작은 부분을 선택하여 섬세하게 묘사한 관찰 일기이다. 일종의 자료집 같기도 한 이 책에서 우리는 세세한 부분까지 묘사한 스케치, 가는 펜으로 멋스럽게 쓴 글씨, 우표, 그림 등 다양한 수집품을 발견할 수 있다. 결론적으로 말하자면 푸흐너는 '세계'를 수집한 것이다. 그는 자신이 발견한, 부서져버리기 쉬운 이 소우주를 단단히 붙잡고 그 조각을 정성껏 끼워 맞춘다. 두꺼운 책표지 사이에 잘 보관되어있는 그림의 세계는 마치 어른이 된 후에도 유년 시절의 꿈을 소중히 간직하려는 우리들의 소망을 보여주는 듯하다.

자연이란 도대체 무엇인가, 라는 질문에 대답하기 위한 이 여행의 과정에서 그가 우리에게 가장 먼저 보여주는 것은 자연의 아름다움이다. 그는 우리에게 보여주고 싶은 대상을 오랜 시간을 두고 관찰한다. 개구리가 있는 연못의 평온한 풍경을 바라보는 따스한 관심. 더 이상 존재하지 않는 동물들이 라틴어 이름만을 단 채 유리병 안에 잘 보존되어 있는 경이로운 광경. 오스트리아 빈 자연사 박물관의 이국적인 세계에 대한 묘사. 이는 푸흐너의 틀에 밝히지 않은 놀라울 정도의 자유로운 시각을 보여준다.

빌리 푸흐너가 그 존재의 시작과 끝을 파악하려고 애쓰는 자연은 이 책의 여러 곳에서 발견된다. 독자들이 이 책을 보면서, 또 그가 자료와 관련해 가끔씩 인용한 문구를 읽으면서 예술가인 빌리 푸흐너가 경험한 경이로운 자연 세계를 체험할 수 있다. 그것은 소멸할 수밖에 없는 이 세상의 모든 존재들이 지닌 다양성을 기억하고 있는 것이 바로 이 일기이기 때문이다.

저자

빌리 푸흐너 ....

프리랜서 사진 작가, 화가, 작가로 오스트리아 빈과 여행지에서 일한다.
가장 중요한 프로젝트와 책들로는, 『이별을 위해 - 귀환을 위해』, 『90살 먹은 사람들』,
『사막의 구름들』, 『마을 그림들』, 『펭귄들의 그리움』, 『나는...』이 있다.
대표작 『펭귄들의 그리움』은 펭귄 '조와 셀리'과 함께 세계여행을 하며 카메라에 담아 펴낸 책이다.
잡지와 신문에 수많은 기고를 했고, 전시와 강연도 많이 했다.
1990년부터는 글과 그림이 곁들여진 재료, 자연, 여행에 관한 책을 집중적으로 쓰고있다.
홈페이지: www.willypuchner.com

옮긴이

조화영 ....

한국외국어대학교 사범대 독일어교육과 졸업
독일 본대학교 번역학 석사
(논문 : 한국 문학의 기독교 수용. 김동리의 '사반의 십자가') 현재 번역가로 활동중.
편저 : 머글마법 백과사전 (빗살무늬, 2001), 머글마법 퀴즈북 (빗살무늬, 2002)
역서 : 날으는 별 (여우오줌, 2002), 세계의 동화 (여우오줌, 근간)

● ● ● ● ● ● ● ● ●

자연의 일기

지은이 | 빌리 푸흐너
옮긴이 | 조화영
펴낸곳 | 도서출판 심지북
펴낸이 | 유성호
편집 디자인 | 휘러디자인(3785-2750)
디자인 | 정윤희
인쇄소 | 평화당인쇄㈜
출판등록 | 제22-724호 (2002년 8월 29일)
초판인쇄 | 2003년 2월 20일
초판발행 | 2003년 3월 10일
주　　소 | 서울시 종로구 평창동 345-30
전　　화 | 02)391-5860~1
팩　　스 | 02)391-5862
E-mail | simjibook@naver.com
ISBN 89-953329-1-3(03850)
가　　격 | 9,500원

ⓒ simjibook, 2003, Printed in Korea

* 잘못된 책은 바꾸어 드립니다.